すべての金融機関の担当者必読！

高齢者の理解と接客応対マニュアル

公開経営指導協会
ユニバーサルサービス推進室 著

はじめに

総務省統計局の2014年4月1日現在の人口推計では、日本の総人口1億2,714万人に対し、高齢者は3,249万人で、高齢化率は25.6%となっています。実に4人に1人が65歳以上という現実があります。このような超高齢社会へと進展している日本において、高齢者、中でも一人で住んでいる独居高齢者や夫婦だけで住んでいる高齢者世帯が増加しています。

高齢者が安心して暮らせる地域社会を目指し、さまざまな生活シーンに密接に結びついている金融機関では、配慮のある優しい接客応対と日頃からの円滑なコミュニケーションについて、積極的な役割を果たすことが期待されています。

しかし一概に高齢者といっても、65歳と90歳では25歳も違いますし、心身機能も個人差が大きいという特徴があります。ただし、一般的には加齢により物忘れや身体的な機能の低下とともに、認知症の症状から日常生活が困難になるケースもあります。

本書で掲載している高齢者の特性や対応方法を基本原則として、まずは積極的に声かけをしてみましょう。お客様からはさまざまな反応があるでしょう。お客様の状況を汲み取り、自分だけで解決しようとせず、同僚や上司、後輩とも連携しながら最善の対応方法を話し合うことが、接客水準向上の第一歩になります。

金融機関に限らずさまざまなサービス機関では、高齢のお客様一人ひとりに寄り添う接客応対を充実させ、厳しい市場競争を勝ち抜く姿勢を強化する動きがあります。大がかりな取組みは時間と経費を必要としますが、個々の営業店でできる“ちょっとした気づき”を基にした地道な接客応対の徹底が市場の優位性につながっていくでしょう。

金融リテールビジネスにおいて、高齢者に限らず顧客の多様性を十分に尊重しながら、配慮のある対応を通じて金融商品を提供していく姿勢は、コンプライアンス上の必須事項として全行職員が徹底すべき大きな課題となっています。

平成26年7月

Contents

第1章　高齢のお客様の特性と認知症

1　超高齢社会についての基本的な理解……………… 4

2　加齢による身体的特徴と傾向……………………… 6

3　加齢による精神的特徴と傾向……………………… 9

4　認知症を取り巻く社会状況………………………… 11

5　認知症の心理的特性………………………………… 12

6　周辺症状の具体事例を知る………………………… 16

第2章　高齢のお客様への接し方

1　コミュニケーションの方法………………………… 20

2　大前提となる「８つの原則」……………………… 23

3　言葉に気持ちを込めて……………………………… 27

4　お客様の気持ちをイメージする…………………… 28

第3章　営業店でのケース別対応方法

1　記憶力の衰えた高齢者への対応…………………… 30

2　対応時の７つのポイント…………………………… 33

3　お客様別ケーススタディ…………………………… 37

4　ヒアリング・面談・説明時の対応………………… 44

5　取引別・対応のポイント…………………………… 48

第4章 成年後見制度の仕組み

1 成年後見制度とは……………………………………… 59
2 手続きの流れと後見人等の職務……………………… 65
3 成年後見制度の情報収集…………………………… 71

巻末資料 ユニバーサルサービスの徹底

1 気づきの実践とユニバーサルサービス……………… 73
2 ユニバーサルサービスの３要素……………………… 74
3 気づきに基づく接客応対の原則……………………… 75
4 ユニバーサル接客・10の秘訣………………………… 76
5 ユニバーサルサービス・チェックシート…………… 78

第1章

高齢のお客様の特性と認知症

POINT CHECK

- ＊超高齢社会の現実を身近な事例で考えてみましょう。
- ＊加齢による身体機能の変化を整理しましょう。
- ＊加齢による精神面の変化を整理しましょう。
- ＊認知症状を抱える高齢者の数、割合を確認しましょう。
- ＊認知症の方の心理的特性を理解しましょう。
- ＊認知症の具体事例を考えてみましょう。

1 超高齢社会についての基本的な理解

周囲とのコミュニケーションが必要

高齢者は、総じて見れば元気で就労や社会参加に意欲をもった人たちです。

「65 歳」＝「高齢者」＝「支えられる人」という固定観念を捨て、高齢者も貴重なマンパワーであり、あらゆる人がそうした意識を共有していくことが求められます。

高齢者の意欲と能力を活用することで、世代を通じたワーク・ライフ・バランスを実現する取組みが活発になってきていま

す。

今後、高齢者の中でも独居高齢者や夫婦だけで住んでいる高齢者世帯の増加が見込まれる中で、高齢者が安心して暮らせるためには、高齢者を地域で孤立させないように日常から周囲とのコミュニケーションが重要となり、企業や団体、地域社会が積極的な役割を果たすことが期待されています。

常に敬意をもって接する

一概に高齢者といっても、65 歳と 90 歳では 25 歳も違いますし、心身機能も個人差が大きいという特徴があります。ただし、一般的には加齢により物忘れや身体的な機能の低下が見られます。

加齢によって視覚や聴覚の機能が低下したり、筋力の低下や関節の動きが悪くなることによって運動機能が低下すること、歯の欠損や口唇周辺の筋肉の老化によって、発語が不明瞭になることなどは、病気の有無に関係なく、多くの人に見られます。個別の能力では、障がいと認定されるほど能力が低下していないにもかかわらず、全体として見てみると、生活行動に支障が生じる高齢者もいます。

いずれにせよ、高齢のお客様の対応にあたり認識しておくことは、高齢者は身体の諸機能は低下するにせよ、長い人生経験の中で培われた幅広い知識とともに、さまざまな分野についての考え方の広さや深さを備えた見識があるということです。

これまで生きてきた時間の積み重ねと経験がある先達であることを念頭に置き、敬意をもって接していきましょう。

2 加齢による身体的特徴と傾向

体力の衰え

筋力ばかりでなく、バランス能力も低下し、動作が緩慢になるので、急な階段、滑りやすい通路、段差や障がい物による転倒事故によって骨折しやすくなります。骨密度は 20 歳くらいがピークで、次第に低下していきます。

1 センチ程度の段差、電気コード、マットのたるみやめくれでも、つま先が上がらないのでつまずいて転倒しやすくなります。階段や通路、トイレなどに手すりをつける、足元灯を設置するといった生活環境への配慮が必要です。

視力の衰え

①水晶体の黄色化

色を見分ける能力が低下します。一般的にいって、茶色系が見えづらくなり、また、青と緑といったような近似色の区別がつきにくくなります。

②瞳孔の縮小

50 歳で、20 歳の時と同じ程度見えるために約 2 倍強、60 歳では 3 倍強の光量が必要となります。そのため、薄明かりや暗い場所で見ることは極めて困難になります。

③老眼と白内障

水晶体が厚くなり、濁ることによって白内障の症状が出ます。また、老眼が進行すると近い所のものを見るときの調整機能も衰えます。

聴力の衰え（老人性難聴）

内耳の毛状の細胞が失われることによって生じます。高周波（高い音）を聴く能力が減退します。そのため、女性の高い声は、男性の低い声よりも聞き取りにくくなります。

早口での案内が聞き取れなくなり、周囲の雑音の中から、必要とする音声を聞き取ることが困難になります。

触覚の低下

視覚や聴覚の機能低下に比べて、触覚の低下についてはあまりよく知られていません。

多くの高齢者は、手触り、圧迫、温度感覚、痛み、振動などに対して、感覚が低下していきます。しかし、生活上の安全は確保しなければいけません。きつすぎる靴、熱いお湯、電気ストーブなどが、身体を傷つける原因となります。

味覚の低下

人間が長生きして五感のうち最後まで残るのが味覚だと言われています。しかし、30 歳の当時と 80 歳の現在を比べると、ほとんどの高齢者で味覚が低下しています。

味覚のうちでも甘味が最も早く鈍くなり、酸味が最も長く残ります。塩味も感じにくくなるので、自分で作った料理は塩辛くなりがちです。そこで、辛味や酸味を利用して塩分を減らす工夫が必要になります。

嗅覚の低下

臭いを感じる能力も衰えます。そのため、食物が腐っていないかなどの判断に支障を来します。服用している薬の影響などにより嗅覚機能が低下している場合もあり、ガス漏れなどにも気づきにくくなります。

姿勢の変化

脊椎《せきつい》が湾曲することで背中が丸くなります。

運動機能の低下

肺活量が低下して息切れしたり、持久力が衰え長い階段を一気に上がれないなど運動機能の低下が見られます。

免疫力等の低下

疲れがたまりやすく、免疫力の低下により感染症を引き起こしやすくなります。さらに、環境の変化に対応しにくいといった身体的機能の低下が出てきます。

身近な例として、冷暖房による急激な温度変化への適応が難しくなるなどがあります。

統合的機能の低下

動作を伴って、速やかに作業をする統合的機能が低下します。適応能力や危険回避能力などが衰えてきますので、緊急時の避難に遅れが生じるおそれがあります。

足、腰、関節等の痛み

足、腰、関節に慢性的な痛みをかかえて生活している方もいます。また、特に指先の細かい動きが鈍くなり、ちょっとした生活動作にも支障が生じたりします。

3 加齢による精神的特徴と傾向

知的機能の低下

新しい物事に対する記憶力や判断力の低下が表れます。また、商品や人の名前を覚えられない、買った商品や持ち物を置き忘れるなど、言語能力は衰えにくいものの、金額などの計算能力・数理能力は低下します。

商品や用件の説明に外来語や難しい専門用語が多く使われると、意味が理解できないことがあります。

性格の変化

愚痴っぽい、話がくどい、疑り深い、自己中心的で頑固といった老人特有の性格が表れるケースがありますが、逆にすごく調和が取れて穏やかな性格になる人もいます。

感情の変化

人との接触が少なくなる中で、不安、憂うつ、怒りや悲しみなどさまざまな感情の変化が見られます。身体的な不自由さ、社会的変化から不平不満を訴えやすくなると同時に、無気力となり他人に依存しやすくなるケースもあります。

心の葛藤

勝手な思い込みによる高齢者像を押しつけられたり、気持ちのバランスをとるのが困難な人もいます。また、見知らぬ人に「おじいさん」「おばあさん」と呼ばれ、自分自身の思い描く理想とのギャップが見られる場合もあります。

意欲の低下

高齢期における心理的変化として、

・引退の危機（仕事や役割の喪失）

・身体的健康の危機（心身機能の低下）

・死の危機（自我の超越、配偶者などの死の克服）

などがあげられます。

これらは、誰もが避けることのできない変化だといえます。このことによって、高齢者はしばしばやる気を失い、自信や意欲を喪失することがあります。不安感が増し、絶望的・悲観的になるケースがあります。

4 認知症を取り巻く社会状況

見守る姿勢や協力体制が欠かせない

65 歳以上の高齢者のうち認知症の人は、推計約 15%（462 万人）に上り、それ以外に軽度の認知障がいの症状が見られる人は、約 400 万人いることもわかりました（2013 年 6 月 25 日 厚生労働省 老健局 高齢者支援課）。

認知症は年齢が高くなるにつれて現れやすい傾向にあり、75 ～ 79 歳では 14 人に 1 人、80 ～ 84 歳では 7 人に 1 人、85 歳以上では 4 人に 1 人に認知症の症状が見られます。

認知症は、高齢になれば誰もが直面する可能性のある病気で、ある程度予防が可能です。そのためにも、病気の早期発見、早期治療が重要です。また、家族など周囲の人たちの見守る姿勢や協力体制が欠かすことができません。

認知症は、周囲が気づいたときには、症状が進行していることも少なくありません。初期の症状を見逃さないこと、そして、認知症かどうかはっきりしなくても、少し様子が変だと感じたら、自分で判断せず他のスタッフと連携をとって情

報共有し最善の対応方法を見いだすことが求められます。

通常の高齢者の２～３倍も機能が低下

認知症に特有の症状として、「身近な人に症状を示す」「遠い他人には体裁をつくろう」「自分の失敗を認めない」などがあり、家族や日々顔を合わせる身近な人は、とても苦労する場面もあります。しかし、これは病気が招くものだということを理解しなければいけません。

認知症の人は老化が激しく、認知症でない高齢者の２～３倍ものスピードで、加齢に伴い心身機能が低下するというデータがあります。認知症の人ができるだけ快適で充実した日々を送ること、そして周囲にいる人たちが、より深い知識をもって本人に接することは、長寿社会に生きる私たちの願いといえるでしょう。

5 認知症の心理的特性

「個人差」を意識して考える

認知症のお客様への接客応対では、まず認知症の人の心理を十分に理解することが必要です。そのためには、認知症になることによって引き起こされる混乱状態や不安といった状態に目を向けることが大切です。

高齢期の心理的特性として何より重視しなければならないことは、個人差が大きいということです。私たちは、高齢者に対して、頑固やわがままなど単一なと

らえ方をしているか、またはしやすい傾向にあります。

つまり、枠にはめて考えやすい傾向があります。心理学的には「老人気質」と表現していますが、私たちはこの老人気質を念頭において、高齢者のことを考えてしまいます。ですから、高齢者の特性として、「個人差」を意識して考える必要があるのです。

できない人とみなされる

記憶障がいなどの認知機能障がいがあることは、日常生活の中でさまざまな失敗を重ねていくことにつながります。その結果として、周囲の人は、「わからない」「できない」と決めつけることが多くなります。

高齢期は、意欲が低下しやすい時期で、認知症になることでそれがいっそう強く感じられることになります。仕事や家事を失う喪失感は、引きこもりなどへつながっていくおそれがあります。

混乱しやすくなる

理解力や判断力の低下によって、作業の手順や自分自身の行動がわからなくなることがあります。そして、「できるはずなのに」という焦りの気持ちを高めることとなります。

また、大切にしているものをしまい込んで、どこにあるのか思い出せないときなどは、「あんたが盗《と》ったんだろう！」と気持

ちをぶつける先が、家族や身近な人に向くこともあります。認知症になることによって、多くの人が不安や混乱状態に陥りやすくなります。

認知症の人は、心理的に「追い込まれてしまう」ことが多くなる点が特徴といえます。

環境の変化に対応できない

認知症になると、さまざまな環境に適応することも難しくなります。以前は気にならなかった周囲の声が騒々しく感じられ、大声で怒鳴りつけたり、慣れている場所で急に状況に変化があったりすると、とても混乱し、自分がどこにいるのかわからなくなるなど、環境の変化を受け止めることが難しくなります。

ライフイベントの影響が大きい

現在のその人の状況は、過去のその人の経験の延長線上にあります。仕事や家族関係、学校のことなど、さまざまなライフイベントが現在のその人の生活に影響を与えています。ライフイベントには2つの要素があります。

1つめは個人的なライフイベントです。結婚、出産、就職、独立といった個人的な経験のことを指しています。

2つめは社会的な出来事です。その典型的なものとして、戦争や高度成長期などがあげられます。これらの体験が、その人の現在の行動に深く影響を与えています。現在のその人の価値観や信念、判断などのバックボーンがそこにあるかもしれないということです。

生涯発達は、過去の経験だけではありません。現在は過去に依存し、現在は未来にも依存しています。つまり、生きがいや将来の目標などということも、その人の現在を支えているのです。

認知症による行動・心理の変化（まとめ）

認知症は本人に自覚があります。ですから、認知症の症状に最初に気がつくのは本人です。

うまくいかないことが徐々に多くなることによって、「アレ…」おかしいと感じるようになります。また、そんなことは絶対にないと思うあまり、自分が忘れているのではなく、周囲の人が自分を陥れようとしている、などと妄想的になるケースもあります。

私は物忘れなんかない、病院なんか行く必要がないと言い張るのは、「私が認知症だなんて…」という、やり場のない怒りや悲しみや不安から自分の心を守るための自衛反応なのです。

認知症の人自身、自分が以前のようにできなくなったことに気づいて、その人なりに対処しているのです。そのため、できないと決めつけられるとさらに意欲が低下してしまいます。

このように、認知症の人の心理的状態を理解し、その思いを知ることが配慮のある接客応対への第一歩となります。

6 周辺症状の具体事例を知る

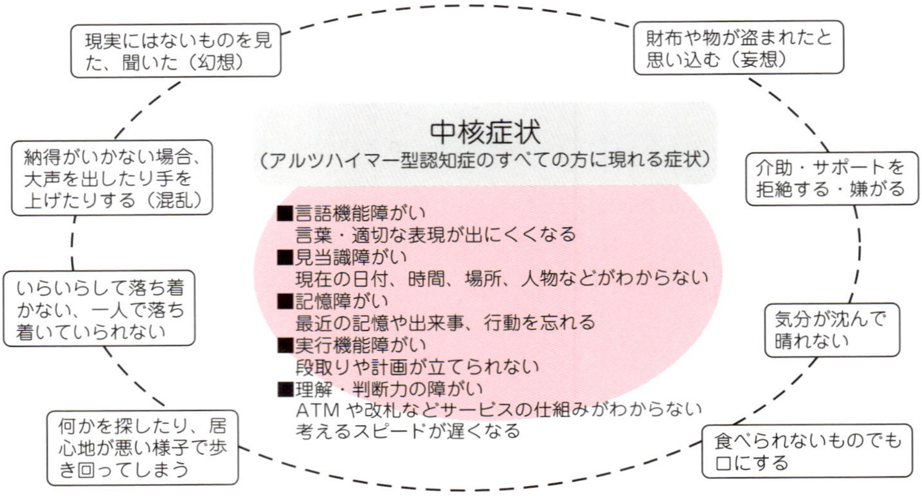

周辺症状とは、記憶障がいなどの中核症状を背景として起こる、認知症の人に特有の症状のことを指します。これらの症状は、認知症の人において個人差が大きく、それぞれの症状がすべての人に起こるわけではない点に特徴があります。そのため、一人ひとりの個別性に配慮したサポートが必要となります。

失敗が目立つようになる

昨日まで何をしていたか覚えていない、目的地に行く途中で迷ってしまう、料理の手順が思い出せない…。

失敗ばかりが目立つようになってきたことが、実は認知症の始まりであったということを、本人も家族も気づいていない場合が多くあります。その場合、「先ほどもご説明しましたが…」などと、非難めいた口調でコミュニケーションをしてしまうと、自信を失い、外部との接点を避け外へ出たがらなくなり、うつ状態になってしまうこともあります。

焦燥感や攻撃的な言動が出る（怒りっぽくなる）

すぐ怒ったり、人に強い非難の言葉を浴びせるなど、それまでは決して見られなかった興奮状態になる人もいます。イライラするなどの焦燥感や相手に対する攻撃的言動などの原因としては、周囲の会話が理解できないなどの混乱状態が背景にあることも考えられます。

物を盗られたと思い込む（妄想）

物をしまいこんだ場所が思い出せず困ってしまうことは、誰にでもあることです。認知症の人には、それを「誰かが盗んだ」と思い込む「物盗られ妄想」が出現しやすい傾向があります。

妄想とは、基本的には「現実にはあり得ない」ことを思い込み、周囲の人がどんなにそれを説明しても修正できないという症状です。「物を盗られた」という妄想は、自分が大切にしているもの、気にかけているものが見つからないという“焦り”が、いっそう混乱させているものと考えられます。

この症状は、基本的には、しまった場所を忘れてしまったという記憶障がいが原因です。しかしながら、それをしまったのが自分であることや、誰かが盗んだ形跡がないことを説明されても、なかなか受け入れることができなくなっていることがあります。

「泥棒が入った」「嫁が盗んだ」という思い込み、内容が本人の中にでき上がっていて、自分の気持ちを疑う余地がない様子が見受けられます。

徘徊・帰宅願望が強くなる

認知症の人に特有の行動として知られている症状の１つに、「徘徊《はいかい》」行動があります。店舗や施設では特に「家に帰る」という言葉が多く出てくることから、「帰宅願望」というとらえ方もされています。

外出中にいなくなってしまう場合の多くは、一緒にいる家族がほんのわずか目を離したすきにいなくなり、本人が見失った家族を探しに行っても、元の場所に戻れなくなるケースがあります。

これらの徘徊行動の難しい問題は、移動先の予測がつきにくい点にあります。特に交通手段を用いて移動することがあり、電車やバスで、かなり遠方に行ってしまうこともあります。また、交通ルールを守っていることも多いので、ふらふらした様子には見えず、街に同化し徘徊していることから、周囲には気づかれないことがあります。

排泄を失敗する

認知症の人は、排泄《はいせつ》などにおける失敗が起こりやすくなります。長年住んでいる場所、慣れた店舗・施設でも、トイレの場所がわからなくなることがあります。

また、トイレの中でも失敗してしまうことがあります。典型的なものとしては、衣服の着脱がうまくできずに間に合わない、また便器の座り方がわからない（洋式便器で和式便器の座り方をして

しまう）、自分の排泄物を手にしてしまう（排泄物ということがわからない）などの行動が見られることもあります。

食べられないものを口にする（食行動の問題）

食べられないものを口にするという行動（異食）や、「毒が入っている」「腐っている」などの被害的な思い込みに発展することにもつながります。さらに、花を口にしたり、枕などの身のまわりにあるものを分解して食べたり、鉛筆など口に入れるのは大変そうなものであっても、飲み込んでしまうことがあります。

第2章

高齢のお客様への接し方

POINT CHECK

＊コミュニケーションは細かい配慮から始まります。

＊高齢者対応「８つの原則」をしっかり確認しましょう。

＊やさしい気持ちの届け方を覚えておきましょう。

＊お客様へのイメージ力が接客の質を左右します。

1 コミュニケーションの方法

自尊心を傷つけない言葉づかいを

高齢のお客様をお呼びする場合、基本的には「おじいちゃん」「おばあちゃん」ではなく固有の名前で「○○様」と語りかけます。

また、高齢者の特徴から、スタッフへの依存的な言動が見えても、「やってあげる」といった言葉づかいでなく「お手伝いしましょうか？」といった支援の言葉をかけましょう。

常に細かな配慮を心がける

視力低下や聴力低下により情報伝達に不都合が生じた場合は、老眼鏡・補聴器などの用意があることを伝えましょう。ちょっとした心配りが高齢者にとってはとても大切です。

コミュニケーションを工夫する

高齢のお客様に限ったことではありませんが、お客様としっかり目線を合わせて、表情を確かめながら話を進めましょう。常に優しい笑顔を忘れてはいけません。また、ジェスチャーなども取り入れてコミュニケーションの方法を工夫することも必要です。

大きな文字で明度差をつける

案内パンフレットなど文字を示す場合は拡大されたものか、白地に黒などの明度差をつけ、やや大きめに別紙に書きましょう。

その場であわてて対応するのではなく、事前にしっかりとした準備が必要です。

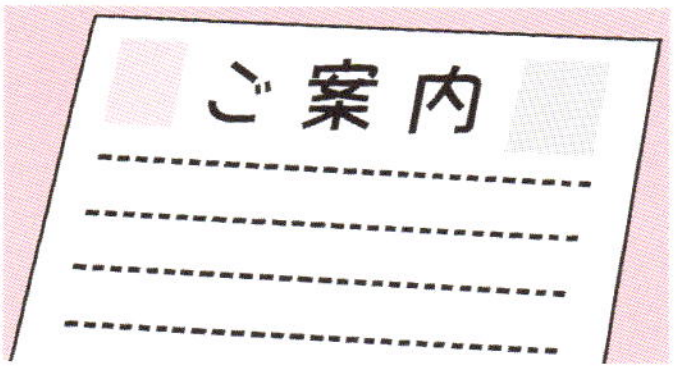

話の内容は簡潔に、文章は短く

話し方はゆっくり・はっきり・大きすぎない低めの声で話します。理解されない言葉（カタカナ・略語・専門用語など）は繰り返さず、違う表現の言葉に変えましょう。また、話の内容は簡潔に、文章は短く、一つの用件ごとに区切ります。

はっきりとした口調で話す

口の動きが分かる位置関係でお客様と相対し、はっきりとした口調で話しましょう。補聴器を使用されているお客様には、より静かな場所を選んで話すなどの配慮が必要です。

わかりにくい場合は丁寧に聴き直す

お客様の話す内容がわかりにくい場合には、勝手に判断したり理解したふりをせず、丁寧に聴き直して信頼関係をつくっていきましょう。

表情やその場の状況から「〇〇のことですか？」→「はい」「いいえ」で答えられる聞き方をして、コミュニケーションの糸口を見つけるとよいでしょう。

話す口調にも十分な配慮を

子どもに話すような幼児言葉を使うことは避けましょう。また、自尊心を傷つけないよう十分に配慮し、たとえ面識があったとしても馴れ馴れしい言葉づかいはやめましょう。

移動の際も思いやりの心で

運動機能の低下により歩行行動が不自由な場合や段差・溝を通る場合は、「お供いたしましょうか？」と尋ねたり、状況確認の「大丈夫ですか？」「ゆっくり参りましょう」と思いやりの言葉をかけましょう。

様子を見てこちらから声をかける

物事を頼むことに遠慮がちな様子を察したら、「何かご用はございませんか？」と積極的に申し出るようにしましょう。タイミングを逸することのないよう、ちょっとしたサインを見逃さないようにします。

杖は常に本人の近くに

足が不自由で杖を使用している場合、不安定なため、身体のバランスをとるのに苦労します。前方や杖側の障がい物、滑りやすい床にも十分気をつけましょう。

また、低いイスから立ち上がることが難しい人もいますので、この点にも注意します。なお、座っているとき、杖は使用者本人の身近に確保しておくのが原則です。

2　大前提となる「８つの原則」

原則1　高齢者は人生の先輩、尊敬の念をもって

□お客様本人のプライドを傷つけないようにします。

□家庭や社会から置き去りにされているという不安な気持ちや寂しさが常にあるので、周囲の人、その場を共有しているスタッフが積極的にかかわりをもつようにします。

原則 2　身体機能も考え方も個々で大きく異なる

□お客様個々についてありのままを受け入れましょう。

□認知症の人が“問題とされる行動”をとった場合には、何らかの理由や目的があるため、この行動の背景にあるものを汲み取ることを習慣にしましょう。

原則 3　ニコニコ笑顔のトレーニングを

□自然な笑顔でのお客様応対を日々の習慣にしましょう。

□笑顔はお客様の安心感を引き出す絶対条件です。

原則 4　話にはじっくり耳を傾けましょう

□相手を尊重する気持ちを込め、共感する姿勢で臨みます。

□お客様が何か失敗したとしても決して責めないように。最初から否定してはいけません。

原則 5　声かけのタイミングと言葉づかいに注意

□お客様の不安感を助長させてしまうので、複数の行職員で取り囲んだりしてはいけません。

□決して背後から声をかけず、相手の視野に入ってから声をかけましょう。

□間違ったことを言っても説得はせずに、指示口調にならないようにします。

原則 6　優しく見守る姿勢が安心感につながる

□必要なときに声をかけてもらえるよう、いつでもサポートできる体制で待機していましょう。

□日頃から意識的に観察する習慣を身につけましょう。一定の距離を保ちながらさりげなく様子を見ます。

原則 7　視線を合わせてゆっくり穏やかな口調で

□高齢になるにつれ高音が聞き取りにくくなるため、ゆっくり穏やかな口調で低めの声を意識して話しましょう。

□優しく視線を合わせ、表情とお客様の意思を確認しながら伝えます。

原則 8　金銭の授受は言葉に出して確認を徹底

□お金の受け渡しに間違いがないよう、金額は言葉に出して確認を徹底します。

□時間がかかる場合にも余裕をもって対応し、他のお客様にも配慮します。行職員間の密な連携が求められます。

□動揺して本来の手続きにさらに時間を要してしまうことのないよう、こちらの困惑が伝わるようなことは避けましょう。

＊　＊

高齢者・認知症のお客様の対応は、一様ではありません。同じお客様でも、その日、そのときの状態によって違ってきます。対応に困ってあわてることがないように、また大きなトラブルに発展する前に、あらかじめ対応方法を各店舗内で話し合いをもつことから始めましょう。

3 言葉に気持ちを込めて

目に見えない言葉を“大切な物”として手渡すイメージをもつことが重要です。伝えたいことを言葉（言語）の意味に頼らず、大切な物を相手に手渡すように、言葉に気持ちを込めて優しく手渡しましょう。その際、手渡す言葉は単なる意味としての言葉ではなく、相手に対する「働きかけ・呼びかけ」になります。

この方法は、コミュニケーションが苦手という人や、接客に携わり始めた人のコミュニケーションのトレーニングとしても活用できます。

やさしい気持ちの届け方

①手渡すことができる距離まで近づきます。
②何か形のある物を手渡すように、相手とふさわしい距離や位置に立ち、アイコンタクトも必要です。
③お客様に合わせて気持ち・呼吸を整えます。
④お客様の受け取り能力（理解能力）に合わせます。
⑤手渡す「言葉」の量を考えます。
⑥手渡す「言葉」のスピードに配慮します。
⑦一度に理解できる量と内容を手渡します（話します）。
⑧続けて手渡すときは、最初に届けた「言葉」をお客様が受け取った（理解した）ことを確認します。
⑨優しく次の「言葉」を選ぶことで、初めてコミュニケーションが成立します。

4 お客様の気持ちをイメージする

視野を広げましょう

実際に、他人のことは見えていても、自分のことは見えていないことがよくあります。私たちはいつも、「自分はこうしている」というイメージで行動していますが、自分の言葉づかいや姿勢、身のこなし、態度がどうなっているかはわからないものです。

それを知るためには、周りにいる人に聞いてみるのが一番です。そのことによって行職員間の連携（チームワーク）、コミュニケーションの活性化にもつながります。

お客様の気持ちに寄り添うように

例えば、認知症のお客様への対応方法においては、その人が今、どのような状態にあるのかを理解することから始まります。話の内容の真偽を確認して正そうとしたり、よいアドバイスをしようなどと思わずに、しっかりと目の前のお客様に寄り添い耳を傾け、話を聴くという姿勢がとても大切となります。

誠心誠意、お客様に関心を向けて話を聴くことで、この人は自分の話を聴いてくれる人、自分の気持ちをわかろうとしている人という認識が生まれ、コミュニケーションの糸口が見えてくることがあります。

お客様の気持ちに向き合う

お客様の気持ちを汲み取り、まず一緒に確認することから始めるのが基本的な対応といえます。また、本人にイライラしたり不安げな表情や落ち着かない様子が目立つ場合もあるので、「焦らせない」という姿勢が必要となります。

お客様のペースで進める

席にご案内して休息をとったり、お茶を出したりするなどの対応が、落ち着くことにつながる場合もあります。また、注意力・集中力が低下している場合には、同じことが続けられず怒り出したりすることもあります。こちらのペースでいろいろと押しつけてしまい、本人がついていけなくなると、このような行動が出やすくなります。

そのためには日頃から、意識的にお客様の様子を観察し、「気づき」のアンテナを立て続けることが必要です。お客様本人の感情や言動をまず受け入れ、本人にとって心地良い安心できる環境づくりを心がけることが接客のコツです。

お客様と同じ気持ちで接する（同調）

同調とは、お客様の様子を見て、その身体の動きや行動にテンポを合わせ、その場の雰囲気を共有することです。このような動作は、人間が生後すぐ母親などの声かけに反応して身体を動かすことから始まります。私たちは、生まれながらこのような能力を身につけているのです。

第3章 営業店でのケース別対応方法

POINT CHECK

* ＊取引内容の記録を明確に残しましょう。
* ＊各営業店での基準・ルール作りは必要です。
* ＊意思能力・判断能力の確認方法を徹底しましょう。
* ＊社会的弱者である高齢者保護の観点が大前提です。
* ＊初期対応の徹底がトラブル回避につながります。

1 記憶力の衰えた高齢者への対応

預かり証などの取引記録を残す

加齢に伴い、記憶力の低下したお客様に対応する場合には、後日起こり得るトラブル発生に備えて取引の記録を明確に残すことが重要です。また、お客様の了解を取ってから、原則として複数の行職員で対応します。本人の緊張を和らげながら会話を進めていきましょう。

窓口で対応する場合

①「いつ」「誰が」「どこで」「どのようにした」のかを明確に記録しておきます。
②伝票の余白や裏面に記録を残し、同席者または役席者の検印を受けておきましょう。

③来店時のお客様の服装や天候など、取引と直接関係のない事柄も記録しておきます。その記録内容に具体性と客観性が加われば、後日検証・確認する際に効果を発揮します。

訪問先で対応する場合

①お客様から入金や払戻し等の依頼を受けた際は、「いくら預かったのか」「何の目的のために」「何を預かったのか」等を記録した「預かり証」を必ず作成しましょう。何十年にわたるお客様との信頼関係があっても、この預かり証を発行する大原則はとても重要です。記録に残さず、後回しにすると大きなミスにつながります。

②通帳や証書などの預かり物をお客様にお返ししたときには、預かり証を必ず回収します。不確かな記憶をもとに後日、未回収の預かり証を提示され「返却されていない」と主張されると、正確な事実を伝える方法がなくなってしまいます。

③意思能力に不安があるお客様の場合は、行職員が複数で対応するか、家族の同席をお願いし、お客様の同意を確認しながら取引を進めます。その際にも、会話の内容や天気、場面など客観性のある状況を必ず記録に残します。

高齢者の理解力に配慮する

金融機関として、お客様に対して十分な説明責任（コンプライアンス）が問われる時代になりました。通り一遍の商品や取引の説明だけでは、説明責任を果たしたとはいえません。お客様が十分に理解し、納得を得られるまで説明する必要があります。よって、理解力が衰えてくる高齢者については、より丁寧な説明が求められます。つまり、社会的弱者である高齢者を保護する観点からも大変重要な業務になるのです。

担当者としては効率よく成約に結びつけるために、要所を押さえて淡々と短時間で済ませたいところですが、高齢者の理解力と考えるペースに合わせないと、余計に混乱してしまいます。また、一度に説明せず段階を追ってかみ砕いて説明し、その都度、理解度を確認しながら進めた方が、結果としてお客様の満足につながっていきます。

また、耳が遠くなっている人が多いことから、近い距離で向かい合っていても早口や小声での説明ではなく、はっきりと話すことを意識しましょう。さらに、説明の内容も専門用語は平易な言葉に置き換えて、できる限り具体的に説明する努力が求められます。

なお、一度説明していたとしても、高齢になるほど聞いた内容を忘れやすいという傾向があります。アフターフォロー等で訪問する際に、様子を見ながら再度確認するという、記憶を呼び起こすやりとりも重要になります。

クレームを回避する

金融機関として、規程通りに手続きを進めていくことが大原則ですが、すべてその規程の範囲内で行っていればよいというものではありません。

さまざまなサービス機関で充実したおもてなしを経験しているお客様にとって、あまりにも型にはまった伝え方をして金融機関の都合を前面に出してしまうと、別のクレームに発展し、かえってドロ沼化する危険性があります。規程を踏まえつつ、目の前のお客様の状況を汲み取り、状況に応じた臨機応変な対応が求められます。

高齢者からのクレームの多くは、取引した金融機関側の接客についてのものです。例えば、耳の遠い人が定期預金の解約を依頼したところ、他の来店者がいるにもかかわらず大きな声で解約理由を尋ねられ、疑われているようで嫌な思いをしたなど、お客様への配慮が欠けていたケースが多いのです。

2　対応時の７つのポイント

POINT 1　音が似ている単語は言い換えて伝える

「じゅうしち（17)」と「じゅういち（11)」など音が似ているため聞き分けるのが難しいと思われる単語は、同じ表現を何度も繰り返すのではなく、「じゅうなな（17)」と言い換えたり、「ななガつ (７月) の第三火曜日」などと表現を変えて伝えましょう。また、「三千円」と「八千円」も口の形が似ているので、伝え間違いがないように注意が必要です。

POINT 2　淡い赤や黄色の文字・枠は見えにくい

高齢のお客様の中には、白内障や老眼などにより小さな文字で書かれた伝票や依頼用紙を非常に見づらく感じる人がいます。

毎日同じ業務をこなしていると、つい見落としがちなのが、このお客様の目線でのサービスのあり方です。特に白内障のお客様は、淡い赤や黄色の文字・枠が見えにくくなるので注意しましょう。

POINT 3　書き直しの際は記入箇所を指で示す

伝票の記入に際し、お客様に安易に書き直しをお願いするのではなく、問題のない範囲かどうかを上司に確認します。どうしても書き直しが必要な場合には、スタッフが記入箇所を指で丁寧に示しながら、お客様に協力をお願いします。

可能な範囲で鉛筆を使い印をつけたり、色つきのマーカーを使うとよいでしょう。記入部分に沿って定規を当てることで、記入を補助することもできます。

POINT 4　代筆・代読は複数で対応する

代筆や代読はお客様のプライバシーに配慮し、必要に応じて必ず複数の行職員

で対応できるよう事前のシミュレーションが必要です。お客様の意思を十分に確認しながら行き違いを起こさないように注意しましょう。

POINT 5 引継ぎの伝達は漏らさず適切に

ロビーや窓口で対応を引き継ぐ場合、担当者同士の伝達は漏らさず適切に行います。重複した説明によってお客様に不快感を与えないよう、細心の配慮が必要になります。

POINT 6-1 話の内容を整理し理解状況を確認する

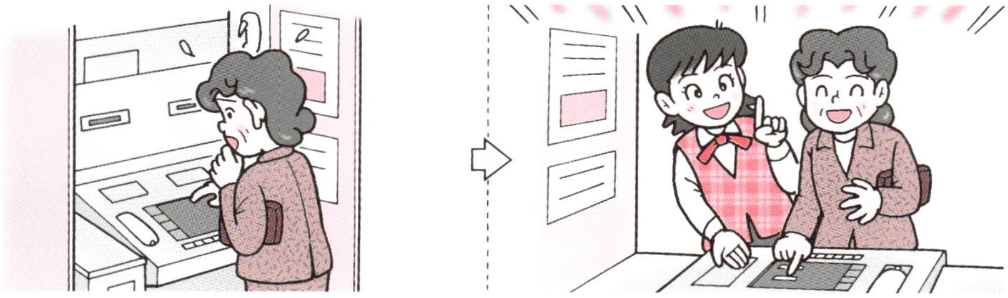

高齢者や認知症のお客様に限らず、ＡＴＭの操作が苦手なお客様は多くいます。そのため、簡単な操作でもテラーを頼りに尋ねてくることもあります。

特に入出金の手続きなど細かいやりとりが必要な場合、通帳やパンフレット、コミュニケーションボードを指で示すなど、身振り手振りを交えながら、ゆっくりとした口調で話す内容を整理し、お客様の理解状況を確認しながら手続きを進めていく必要があります。

POINT 6-2 操作に戸惑っていたらまず声かけを

システム機器の操作に戸惑っているお客様の心情を察して、「私がお手伝いしますから、ゆっくりで大丈夫ですよ」と安心できるような声かけが必要です。また、順番待ちで列に並んでいるお客様にも、ご協力いただいているお礼の一言を忘れないようにしましょう。

一言を発する余裕がないときには、お客様と目線を合わせて黙礼や会釈をするだけでも、お詫びの気持ちは伝えられます。人は誰からも声をかけられず、ただ待つだけでは無視されているように感じ、クレームにつながってしまうこともあります。十分に注意しましょう。

POINT 7 クレームは上司と連携して解決する

営業店では、行職員の連携が生命線です。まずはお客様の状況を受け止め、決して１人で解決しようとせずに上司や同僚と連携して解決の糸口を見いだしましょう。お客様の怒りが収まらない場合は、他のスタッフが違う立場で対応するとよい方向に進む場合があります。

3 お客様別ケーススタディ

Case 1 書類・伝票の書き直しが必要なお客様

『週末の混雑した窓口に訪れたAさん（70歳代前半・男性）。半年前に軽い脳梗塞を患い、右半身に麻痺が残っているため杖を使用しており、文字を書くことがやや困難な状況です。伝票の文字が記入欄からはみ出している箇所があるので、書き直しをお願いしました。』

——この場合の対応方法を考えてみましょう。

✕ 悪い例

行職員　「お客様、すみませんねぇ。この部分が記入欄からはみ出ているので、もう一度この用紙に書き直してもらえますか。規則で、このままだと手続きできませんので。」

Aさん　「腕が痛くてね〜、何とかならないの？」

行職員　（同じ用紙をもう1枚差し出しながら、目線を合わせることなく）「いいえ、決まりでこれでは受付できませんので、もう一度お願いします。」

○ 良い例

行職員　（ゆっくりとした優しい口調で、お客様の表情も確認しながら）「せっかくお客様にご記入いただきました伝票ですが、この部分とこの部分が少し欄からはみ出していますので、このままお預かりできるか確認して参ります。少しお待ちください。」

Aさん　「何とかなるかね…。腕が痛くて震えもあるから、うまく書けないんだよ。」

行職員　（上司に確認を取ってすぐに戻る）

お待たせいたしました。お客様、大変申し訳ございませんが、やはりお名前とご住所の２ヵ所がはみ出しておりまして、改めて書き直していただく必要がございます。記入欄が小さくお手数をおかけしますが、私もお手伝いしますので、ご協力いただけますでしょうか？」

（この場合、代筆の方法も考えられますが、お客様の意思・状況を確認して再度記入のご協力をお願いしてみます）

Ａさん　「いや～大変だけど、少し手伝ってもらえるなら書けるかな…」

行職員　（記入欄を指し示し、枠からはみ出ないように定規なども使いながら）「ゆっくりで大丈夫ですから、まずこちらのお名前の欄にご記入をお願いします。…はい、これで大丈夫です。ご協力ありがとうございました。」

Ａさん　「やれやれ、でもだいぶ楽に書けたよ。ありがとね。」

Case 2 ATM に不慣れなお客様

『ATM コーナーには数人の順番待ちの列ができています。同じ操作を繰り返し、ATM 操作に戸惑っている様子のお客様 B さん（80 歳代前半・女性）に気づいたスタッフが声をかけたところ、操作の方法がわからないので教えてほしいとのことでした。』

――この場合の対応方法を考えてみましょう。

✕ 悪い例

行職員　「ATM でのお振込みですね。お手伝いしましょうか？」

Ｂさん　「機械は苦手なのよね。よくこの機械は故障するようだけど、どうしてかな？」

行職員　「後ろにお客様がたくさん待っていますので、窓口で対応しますから…」

（お客様の意思を確認せず、店内ロビーへ誘導、ATM の順番待ちをしているお客様のイライラ感、淀んだ雰囲気は残ったまま）

○ 良い例

行職員　（お客様の困っている状況に早い段階で気づき）「何かお困りでしょうか？　お手伝いしましょうか？」

B さん　「機械は苦手なのよね。よくこの機械は故障するようだけど、どうしてかな？」

行職員　「操作方法がわかりにくく、申し訳ございません。」「画面の状況を確認させていただきます。」

（…確認中…）

「故障ではないようですが、窓口で対応させていただくこともできます。いかがしましょうか？」

B さん　「うん、ちょっと教えてもらえばできると思うんだけど…」

行職員　「かしこまりました。ではお手伝いさせていただきます。」（ATM の順番待ちのお客様にも）「少々お待ちください。」

B さん　「あら～できたわ。親切にありがとう。」

Case 3 記憶がおぼろげで疑り深くなっているお客様

『長年の取引先で馴染みのお客様 C さん（80 歳代前半・女性）。ここ数ヵ月、来店するたび、前回と同じ話をするようです。今日は、午前中に来店しましたが、午後になって再度来店し、財布をお店に置き忘れたと言っています。』

――この場合の対応方法を考えてみましょう。

✕ 悪い例

行職員　（店舗出入口付近で困った様子のCさんに背後から）

「Cさん！　さっき帰るとき、赤いお財布をかばんにしまうところを見ましたよ。ここのところ何か変だと思っていたけど、Cさん最近どうしたの？」

Cさん　（非常に動揺した様子で）

「そんなことないと思うけどね…」

行職員　「見つけたら連絡しますからね。うちじゃなくて他で落としたんじゃないの？　よく探してみてくださいね。」

Cさん　（その場で立ちすくむばかり、小声で）

「お財布、お財布…」

「私の次に並んでいた男の人が持って行ったんだと思うんだけど…」

行職員　（他の行職員も思案顔で別の作業に追われ）

「ごめんなさい。別のお客様がいるので、少し待ってください。」

（急いでいったんその場を離れてしまう）

○ 良い例

行職員　（店内の余裕があるスペースで、困った様子のCさんに寄り添うように優しい口調で）

「お財布がないのですね。カバンに入れ忘れたのですか？」

Cさん　「さっきお金を下ろしに来たとき、あそこの台の横に忘れてったのよ。男の人が私の後ろにいたんだけど、その人持っていかなかった？」

行職員　「そうですか。ところで、お財布にはお金以外に大事なものは入っていましたか？　クレジットカードとか保険証とか。」

Cさん　「どうだったかな…」

行職員　「そういえば…、最後にお帰りになるとき、赤いお財布を手押し車の中に入れていたのを思い出しましたよ！」

Cさん　「そう…？　よく見ていてくれたわね。」

行職員　「簡単にメモしたものを渡しますから、お家でご家族の方ともう１度探してみてください。もしお店でお財布が見つかったら、必ず電話でお知らせしますね。また、他の者にも確認しておきますから。」

（混み始めた店内、持ち場に戻る行職員はCさんが帰るのを最後まで見届ける）

Case 4 思い込みが激しく頑として聞かないお客様

『窓口に息を切らせて来店したDさん（80歳代後半・男性）。話を聞くと、家に泥棒が入ってセカンドバッグを盗られたが、朝起きたら枕元に戻されていた。しかし、財布の中にあったクレジットカードが見当たらず、通帳の残高は減っていると言っています。』

――この場合の対応方法を考えてみましょう。

✕ 悪い例

行職員　（ご来店の挨拶・お礼もそこそこに）

「お客様、よく見てください。3日前にお引出しされたので通帳の残高が減っているのですよ。あと、本日公共料金の引落しがありましたからね。」

Dさん　「君は何を言ってるかわからないな、誰かに勝手に引き出されたんだ！」

行職員　「（伝票を差し出しながら）困った口調で、これが3日前の伝票ですよ。」

Dさん　（伝票を見て）「これは自分の字じゃない！　どうなっているんだ。」

（このあとDさんは興奮状態となり、何を言っても通じなくなってしまいました）

○ 良い例

行職員　「いつもご利用ありがとうございます。本日はどのようなご用件ですか？」

Dさん　「通帳の残高が減っているんだ。どうなっているの？」

行職員　「さようでございますか。少々お待ちください。」

（伝票等を確認して、口座の状況をわかりやすく説明する）

「３日前の５日の月曜日の開店直後にご来店いただき、確かに５万円をお引出しされています。こちらが伝票の控えです。」

Dさん　「えっ？　そうだったかな、いや、でも引き出した覚えがないし、昨晩泥棒に入られたみたいで、クレジットカードが見当たらないんだ。」

行職員　「それは大変でしたね。もう一度確認して参ります。」

（ここからは上席も交えた対応を行い、座って話ができる場所に移動する）

上席者　（ご来店のお礼と自己紹介、同席する旨の同意を得てコミュニケーションをとる）

「この度は大変お困りの状況ですね。大切なお客様のお金ですから、ご家族の方とも一緒に確認させていただきたいのですが…」

Dさん　「そうだね、じゃあ、電話で息子を呼んでみるよ。」

（この後は、息子さんに状況を伝えて事態を収拾する方向にもっていきます）

Case 5 店舗内や周辺をウロウロしているお客様

『用件を済ませて店外へ出たＥさん（70 歳代後半・女性）。帰ったと思ったらすぐに戻って来て、入口付近と駐車場、お店の周りをずっとウロウロしています。それを見ていた他のお客様から、窓口のテラーに声がかかりました。』

――この場合の対応方法を考えてみましょう。

✕ 悪い例

行職員　（Ｅさんを呼び止めるように、後方の離れたところから）
「お客様～、お客様～、どうかなさいましたか？」

Ｅさん　（最初は気がつかない様子）
「う～ん…」

行職員　「（お客様の反応が乏しい）何かあったら声をかけてくださいね。」
（簡単な声かけだけで、Ｅさんのペースに合わせることなく、気にはなったがその場を離れてしまう）

○ 良い例

行職員　「（お客様の正面に回り）どうかなさいましたか？」

Ｅさん　「う～ん…」

行職員　「（笑顔で）ゆっくりで大丈夫ですよ。お困りのことはありませんか？」

Ｅさん　「（小声で）実は、帰り道が思い出せなくてね。」

行職員　「ご自宅への帰り道がわからなくなったのですか？（復唱確認）」

Ｅさん　「…。」（うなずく）

行職員　「今日は歩いて来たのですか？　乗り物で来たのですか？」

Ｅさん　「乗り物…」

行職員　「では、バスで来たのですか？　自転車で来たのですか？」

Eさん　（思い出せない様子）

行職員　「住所がわかるものをお持ちですか？　ご案内いたしますので、ご安心ください。ご家族と一緒にお住まいでしたら、お電話いたしましょうか？」

Eさん　「そうだね～。そろそろ孫が学校から帰ってくる時間だから、電話してもらおうかな。」

（その後、無事家族に連絡がつながり、後日お礼のお手紙が支店長宛に届き、全員でそのお礼状を共有しました）

4 ヒアリング・面談・説明時の対応

意思能力の確認は重ねて面談

医師に問い合わせる方法を除くと、意思能力は本人と直接の面談を重ねて判断する以外にありません。複数の行職員で面談し、できる限り高齢者本人の口から言葉を引き出すように努めます。

そのため、人を変えて同じ質問をすることで、不自然な返答はないか、回答内容にバラツキや矛盾がないか、判断内容がおかしくないか等を十分にチェックしましょう。

正常と非正常を行き来する反応の高齢者の場合、面談は複数回にわたって行うことで、より正しい判断が可能になります。また、面談の内容については、必ず詳細に記録をとって保管しておきます。そのお客様の家族から本人の意思能力について、聞き取り調査することも重要です。

申出内容は正確にヒアリング

高齢のお客様からの苦情は、物忘れや勘違いが原因であることがあり、お客様に悪意がないことも起こり得ます。しかし、金融機関としては、お年寄りの勘違いなどと頭から決めつけずに、まずは申出内容を正確にヒアリングする必要があります。

苦情を申し出た人の中には、「自分は正しい、間違っているのは金融機関の方だ！」と言い張り、会話全体が成り立たないこともあります。そういう場合には、上席者や役席者に応対を代わってもらう、応対場所を応接室に移すなどにより、ヒートアップしたお客様と担当者の関係を一度リセットします。

冷静に話し合える雰囲気ができたら、次はお客様の言い分をすべて話してもらいます。このとき、お客様の話はさえぎらずに辛抱強く聴き、お客様が落ち着いたのを見計らって、次のような点を丁寧にヒアリングします。

ヒアリングの重点要素

①現金が少ないと思ったのはいつですか？
②金融機関に来店した状況、同伴者はいましたか？
③引き出したお金はどのように保管していましたか？
④金融機関から自宅に帰るまでに買い物など別の用件をしましたか？
⑤帰宅後、財布はどのように保管していましたか？

事実関係は正確に調べる

ヒアリングの結果を踏まえて、事実関係の確認を行います。お客様がＡＴＭを利用したのであれば、間違いなく本人が受け取ったかを、窓口を利用したのであれば、本人に間違いなく支払ったかを調べます。

十分な調査・確認もしないで応対をすると、結果的に金融機関側が正しかったとしても、お客様には「誠実な応対をしてくれなかった」という不満が残ることになります。したがって、確証が得られるまでは、事実関係を正確に調べる必要があります。

ＡＴＭでの出金額相違の申し出については、払戻しの事務処理に行職員が介在することなく、すべて機械が相手の取引ですから、ＡＴＭの操作記録やビデオ録画等により把握するように努めます。

これに対し、窓口での払戻金額相違の申し出については、窓口担当者が預金者に直接現金を手渡して完結する取引なので、担当した窓口担当者の記憶とビデオ録画により調べるほか、次の３点を確認します。

①当日の現金勘定は合っていたか？

②払戻請求書の筆跡は預金者のものか？

（代筆などの異例な取扱いはないか？）

③窓口での現金授受の様子に変わった点はなかったか？

面談の際の注意点

面談をする行職員が若い場合、お客様の中には「自分は軽く見られている」などと思い込む人がいます。また、応対するのが女性というだけで、不快感を示す人もいます。そのため、担当者では荷が重いと思われるときは、ベテランの行職員や役席者に代わるようにします。

お客様に説明するときは、原則として２人以上で応対します。そして１人が説明している間、もう１人は記録役に徹し、お客様の様子や応答内容を正確に記録します。

調査の結果、金融機関の事務処理には問題がなく、原因がお客様の物忘れや勘違いであることが明白になったとしても、誤りを指摘しやり込めてはいけません。相手の自尊心を傷つけ、逆に憤慨させてしまいかねません。

調査の結果を正確に説明し、お客様自身で誤りに気づくように話を向けることが大切です。時間はかかりますが、辛抱強く対応することが大切です。

お客様の家族への協力依頼

行職員がいくら丁寧に説明しても、納得してもらえないことがあります。また、何度も同じような苦情や無理な要求が寄せられ、そのたびにトラブルに発展することもあります。

このような場合には、金融機関として応対に苦慮していることをお客様の家族にしっかりと伝え、「同様の苦情や無理な要求が繰り返されると、業務に支障が出てしまいます。今後、ご本人様が来店した際にはご連絡いたしますので、お迎えに来ていただけないでしょうか？」というように、協力をお願いします。

お客様の中には、家族に話をされるのを嫌がる人もいますが、身体能力や記憶力の衰えた高齢者のフォローを家族にお願いすることは、決して間違っていません。近隣に家族がいない場合には、近所の人や地域の民生委員にお願いするのも一つの方法です。

5 取引別・対応のポイント

Case 1 息子さんなど家族への高額な振込依頼

不測の損害を避け円満な関係を維持

高齢者は、身体面や精神面が加齢に伴い衰えていくことから、さまざまな問題に巻き込まれたり、高齢者自身がトラブルの主体になる可能性が他の年代に比べて高くなります。

一方で、高齢者は保有している金融資産が多く、金融機関としては重要なお客様として親密な関係を築く必要があります。高齢者トラブルの傾向と対策を把握したうえで、不測の損害を避けつつ、高齢者との円満な関係を維持していきましょう。

預金取引における高齢者トラブルのほとんどは、預金の払戻しに関するものです。預金取引で最初に注意しなければならないことは、現金の授受です。

高齢者との取引に限りませんが、“現金その場限り”の原則を忠実に守り、お客様の面前で札勘定を確実に行いましょう。自動機による札勘定はできる限り回避すべきです。このことは、渉外担当者が高齢者の自宅で現金の授受を行うときも同様です。

警察と協力しながら注意喚起を促す

預金口座を不正に利用した詐欺の典型例である「振り込め詐欺」の被害者は、60 歳以上の人が全体の約 80%、女性が全体の約 75%、１人暮らしまたは夫婦２人暮らしの世帯が全体の約 70%という傾向があります。

特に、判断に必要な情報が不足していたり身近に相談相手がいない人などは、だまされていることに気づかずに繰り返し被害にあってしまったり、被害にあっても通報しないで抱え込んでしまうことがあります。

安全・安心を第一とする金融機関としては、大切なお客様が振り込め詐欺の被害にあわないように、警察と協力しながら注意喚起を促し、被害防止のためのチラシや告知ポスター等を利用して啓発を図ったり、ＡＴＭ画面に注意を呼びかけるメッセージを表示する等の配慮が必要です。

Case 2 預金者本人からの多額の払戻請求

粘り強くお金の使い道をヒアリングする

『高齢の預金者Ｆさんが来店し、「普通預金から250万円を引き出して持ち帰りたい」と言っています。Ｆさんは、真正な普通預金通帳と届出印を持参していましたが、何やらとてもあわてています。お金の使い道を尋ねても、はっきりと答えてくれません。重ねて聞いてみると「オレの預金なんだからどう使おうが勝手だ！」と怒り出しました。Ｆさんは78歳と高齢ですが、意思能力に問題はありません。

Ｆさんのこうした受け答えから担当者は、近年、高齢者を狙った詐欺事件が頻発しており、振り込め詐欺や悪徳商法等で多くの高齢者が被害にあっていることを思い出し、もしかするとＦさんも振り込め詐欺の被害にあっているのではないかと思いました。

本来、金融機関としては、正当な理由がなければ預金の払戻請求を拒絶することはできませんが、担当者はすぐに払戻しに応じるのではなく、振り込め詐欺のパンフレットなどを活用して、粘り強くお金の使い道を尋ねました。

すると、つい30分前に息子を名乗る者から電話がかかってきて、「会社の金を使い込んでしまった。すぐに返さないと会社をクビになってしまう。至急、お金を振り込んでほしい。」と言われたとのことでした。

そこで担当者は上席に相談した後、電話の内容が本当かどうか確かめるため、他の担当者に頼んでFさんの息子さんに連絡を取ってもらいました。また引き続き、振込を思い留まるようFさんを説得し、その後、息子さんと連絡がとれ、先ほどのような電話はしていないことがわかりました。こうした対応が功を奏し、Fさんの振り込め詐欺被害を食い止めることができました。』

場合によっては警察の協力を得る

高齢の預金者から多額の預金の払戻しを請求された場合には、まず払い戻した現金の使い道を確認してみることが必要です。プライバシーの問題もあることから、ためらいがあるかもしれませんが、振り込め詐欺の防止は社会的な要請ですから、払い戻した現金の使い道や払い戻す事情を聞くことが、プライバシーの問題になることはないでしょう。

振り込め詐欺の被害防止という観点からいえば、金融機関が預金の払戻しの理由を聞かず、その結果振り込め詐欺の被害が発生した場合には、かえって金融機関が社会的な非難を受けかねません。振り込め詐欺の疑いが濃いのにもかかわらず預金者が納得しない場合には、最寄りの警察署に連絡して警察官の協力を得ることも選択肢の一つです。

なお、払戻しに正当な理由がある場合であっても、高齢者が多額の現金を持ち運ぶのはとても危険です。口座に振り込むなどの方法を勧め、なるべく現金の持ち歩きを回避するよう提案しましょう。

Case 3 高齢者の家族からの頻繁な払戻請求

役席者も同席し慎重な対応が必要

高齢者の同居家族が頻繁に預金の払戻しをしていたり、多額の払戻しをするときは、その家族の本人確認はもちろんのこと、払戻しの目的やお金の使い道を確認する必要があります。

場合によっては役席者も同席して不審な点がないかを確認し、不審な点があった場合には、預金者である高齢者に「払戻しは本人の意思に基づくものか」を直接確認するなどの慎重な対応が必要です。

高齢者本人に代わって家族が金融機関の窓口で預金の払戻しを行うことは、珍しくありません。しかし、金融機関が高齢者の意思能力に問題があることを知っているのと知らないのとでは、金融機関側の応対が異なります。

1 高齢者の意思能力に問題があることを知らない場合

金融機関が高齢者の意思能力に問題があることを知らずに適切な払戻しをした場合には、預金規程にもとづき「債権の準占有者に対する弁済」（民法478条）として免責されるのが原則です。

したがって、高齢者の家族への預金の払戻しであっても、その家族が預金通帳と届出印を持参して高齢者本人の預金を引き出し、金融機関がそのことについて善意・無過失である場合には、金融機関は免責されます。高齢者の家族が払戻手続に来店した際は、預金者である高齢者の近況を伺い、コミュニケーションを密に図るようにしましょう。

2 高齢者の意思能力に問題があることを知った場合

金融機関が預金の名義人である高齢者の意思能力に問題があることを知った場合には、高齢者の配偶者による日常家事に関する取引と思われる程度の払戻請求を除いて、預金の払戻請求に応じるべきではありません。この"知った場合"とは、金融機関の行職員が当該高齢者の現状を直接確認した場合の他、家族等から間接的に情報提供を受けた場合も含みますので注意が必要です。

"意思能力に問題がある"という認識にもさまざまなレベルがあります。しかしその高齢者本人の意思能力に常に問題がある場合には、「成年後見制度」の利用を勧めるとよいでしょう。

3 真にやむを得ない事情がある場合

成年後見開始の申立てから審判に至るまでには、標準的なケースで２～３ヵ月ほどの期間を要します。そのため、成年後見開始の申立てはしたものの審判には至っていない場合や、成年後見等の申立てができないような場合で、預金の払戻しの理由に真にやむを得ない事情があるときは、金融機関は家族からの預金の払

戻請求に応じることができると考えられます。

また、民法上の管理者（預金契約の場合には金融機関）は、最も本人（預金者）のためになる方法によって、その財産を管理しなければいけません（民法697条）。よって、預金者本人による具体的な意思表示がなくても、本人が依頼するであろう内容を知っている場合、または本人の意思が推定できる場合には、金融機関はその意思に従って預金を管理する必要があります。

例えば、不慮の事故等にあって病院に運ばれた人が意思表示をできない状態にあり、その家族が入院費用等の支払いのために本人の預金の払戻請求をしてきたような場合には、「真にやむを得ない事情がある」と考えられます。また、このような場合、本人が意思表示をできなくても、入院費用等の支払いを望んでいることは容易に推測することができます。したがって、金融機関としては、入院費用の支払いのために預金の払戻しを行う必要があります。

本当にやむを得ない事情があるかどうかは、役席者や本部担当部署と連携し、慎重に対応しなければなりません。結果として預金の払戻しに応じることになったときは、その払戻金額が適切に使用されたかを確認するため、次のようなことを条件に預金の払戻しに応じます。

- 払い戻した預金は直接支払先に振り込むこと
- その払戻しが本人のための支払いに必要である旨の念書を取り受けること
- 支払先からの証拠書類を提出してもらうこと

（例えば、入院費用等の支払いである場合には病院の診断書など）

Case 4 本人から「預金を払い戻した覚えはない」と言われた

上席者と相談し来店時の状況をヒアリング

『先日、高齢のお客様Gさんに普通預金から10万円の払戻しを請求されたので、所定の手続きをしました。ところが、後日になってGさんが来店し、「覚えのない10万円の出金がある。どういうことだ！」と強い口調で訴えました。

このときに応対した担当者は、本人が預金を払い戻していながらそのことを忘れているのだと思いましたが、「お客様の思い込みです」と答えることには問題があると瞬時に判断しました。というのも、ここで安易な応対をしてしまうと、Gさんの理解が得られないどころか、金融機関に対して不信感と不満が残る可能性があるからです。

すぐに上席者と相談したうえで、Gさんの話を聞きながら、当日来店した状況等を思い出してもらえるよう、どういう理由で本日の話に至ったのか、などを引き出すように話を向けてみました。その一方で、払戻請求書を確認すると、払い戻した日付から本人が10万円を払い戻しており、行職員が代筆した事実もありませんでした。

説明の際には、書類を確認した結果このような結論に達したということを、当時の取引状況などを交えて粘り強く説明しました。来店当初は怒っていたお客様も、当時のことを思い出したのか、徐々に表情が和らぎ、最終的には説明に納得して営業店を後にしました。』

まずは冷静にお客様の話を聴く

金融機関の窓口においては、「現金その場限り」が原則です。そこで「金融機関側に落ち度はありません」との回答が想定されますが、それではお客様の納得は得られません。

クレームをつけるからにはそれなりの理由があるはずですから、まずは冷静にお客様の話を聴くことから始めましょう。時として、お客様が思い違いをしている場合もありますが、初めからそうと決めつけた対応は避けるべきです。

お客様から話を聴くときのポイントを押さえ、こうしたことを調べた結果、金融機関に間違いがないと確信できたら、お客様に説明します。説明の際には、できるだけ専門用語などは使わず、具体的にわかりやすく丁寧な言葉で説明します。金融機関の内部で詳しく調査したうえでの結論であることを辛抱強く説明するのが大原則です。

調査結果について理解してもらう

それでもお客様の納得が得られない場合や、いったん納得したものの後日、再びクレームを受けた場合には、可能な限りお客様の家族等に同席してもらい、調べた結果について理解してもらえるよう努めます。これらが不十分なままお客様に理解してもらえない状態が続いてしまうと、お客様は「窓口担当者が預金を不正に引き出した」と思い込み、後日、さらなるクレームを受ける可能性がありますので注意が必要です。

また、同じお客様から過去に何度も同様の申し出を受けている場合には、お客様の意思能力に問題がある可能性がありますので、家族と連絡を取り、今後の取引について話し合う必要があります。もし、預金者が成年後見制度を利用している場合には、所定の手続きをしてもらいましょう。

預金者から話を聞くときのポイント

①どういう理由で今日の申し出になったのか。

②普段、銀行から下ろしたお金はどのように管理しているのか。

③記憶のある範囲で、払戻時の状況はどうだったか。

内部調査をするときのポイント

①当日の現金勘定は一致していたか。

②誰が窓口係を担当していたか。

③預金者に同行者はいなかったか。

④払戻請求書の筆跡は本人のものか。代筆されたものではないか。

⑤代筆されている場合は、誰が代筆したのか。行職員が代筆した場合は、正しい手続きがとられているか。

⑥預金者の意思能力に懸念はないか。

⑦同一の預金者について過去に同様のクレームはなかったか。

Case 5 預金者から通帳を紛失したとの申し出

判断能力に問題がないか見極める

預金者から預金通帳等の紛失の申し出があった場合は、速やかに喪失届の提出を受け、支払停止の設定をします。そのうえで紛失した状況（いつ・どこで・どのような状況であったか等）や普段の保管状況を詳しく確認します。

高齢者の中には、記憶能力が乏しくなったために保管場所を忘れて、頻繁に紛失を申し出る人もいます。このような人に対しては、来店された際に言動をよく観察し、会話の内容等から判断能力に問題がないかを見極めることも大切です。

判断能力に問題があると疑われる場合には、役席者に報告のうえ、その高齢者の家族に相談するなどして預金通帳等を探してもらうよう促します。ただし、高齢者から頻繁に紛失の申し出があっても、本当に盗難にあったケースもあるため、申し出の後は速やかに支払停止の設定をしなければなりません。

Case 6 介護施設の職員による預金の払戻請求

本人の確認と手続き依頼の事実を確認

介護施設等に入所している高齢のお客様が、病気や歩行困難等を理由に施設の職員に預金の払戻しを依頼することがあります。預金者の通帳・届出印章を持参して施設の職員が来店したときには、その職員の払戻権限について疑うべき特別な事情がなくても、慎重な対応が求められます。

以下は最低限必要な手続きになります。

①来店した職員の本人確認を行い、払戻しに来店した事情を把握します。そのうえで、入所しているお客様に払戻しの手続きを依頼した事実を確認します。

②入所している施設の責任者と、入所者の預金払戻し等の取引について、来店する職員の事前登録、１回あたりの金額の制限等の手続きを取り決めておきましょう。

Case 7 日常生活自立支援事業担当者による払戻請求

社会福祉協議会との取り決めに従う

どの高齢者支援制度等に関係する人でも、法的立場は第三者です。取引の際に何らかの不安要素が感じられる場合は、高齢者本人への意思確認等の対応をとるなど、慎重に対応します。

日常生活自立支援事業とは、認知症高齢者、知的障がい者、精神障がい者等のうち判断能力が不十分な人が地域で自立した生活が送れるよう、利用者との契約に基づいて福祉サービスの利用援助等を行うものです。

日常生活自立支援事業では、各都道府県（また政令指定都市）の社会福祉協議会の専門員または生活支援員が、利用者に代わって、福祉サービスを利用する際のさまざまな手続きや契約、預金の預入れや払戻し、生活に必要な利用料などの支払手続（日常的な金銭の管理）、年金や預金通帳などの管理などを行います。

よって、この事業の利用者名義の預金の預入れ・払出しは、専門員や生活支援員が利用者に代わって、金融機関の窓口で行うことになります。金融機関と各都道府県（または政令指定都市）の社会福祉協議会との間で、あらかじめ事務手順が決められている場合には、それに従います。

なお、事務手順が取り決められていない場合には、介護施設職員への対応に準じて取り扱うことが一般的です。

第4章

成年後見制度の仕組み

POINT CHECK

＊成年後見制度の基本理念と種類を確認しましょう。

＊「後見」「補佐」「補助」の違いを理解しましょう。

＊地域との連携窓口・関係機関を整理しましょう。

＊登記事項証明書について正しく理解しましょう。

＊日常生活自立支援制度の内容を把握しましょう。

1 成年後見制度とは

判断能力の不十分な人を保護・支援する

認知症や知的障がいなどの理由で判断能力が不十分な人は、不動産や預金などの財産管理、介護施設の入所契約や介護サービスの利用契約を締結することが難しい場合があります。

また、判断能力が不十分な人は、自身に不利益な契約であるとの判断ができずに、訪問販売や悪質商法の被害にあってしまうおそれもあります。

このような判断能力の不十分な人を保護し、法律的に支援する制度が、「成年後見制度」です。

成年後見制度とは、本人が１人で日常生活ができないなど判断能力がまったくない場合、その人をサポートする人として成年後見人が選任されます。この成年後見人が本人の財産を管理することになり、本人に代わってさまざまな契約、預金の引出し等の手続きができるようになります。

成年後見制度３つの基本理念

①ノーマライゼーション…高齢者や障がい者であっても特別扱いではなく、今までと同じような生活、他の人と同じように普通に暮らすことができることを指します。

②自己決定の尊重…高齢者や障がい者自身の決定を尊重し、現有能力（残存能力）を活用しようという考え方のことです。

③身上保護の重視…高齢者や障がい者の状況を漏れなく十分に把握し、その人の立場、状況に配慮する義務のことです。

任意後見と法定後見の２つがある

成年後見制度とは、認知症などの精神上の障がいにより判断能力が十分でない人が、不利益を被らないように家庭裁判所に申立てをして、その人を支援し、権利侵害や財産被害などから守ってくれる人を選任する制度で、「任意後見」と「法定後見」の２つに大別されます。

本人の判断能力に問題がない段階で、将来自らの判断能力が認知症等によって不十分な状況になったときに財産管理をしてもらう人を、事前に決めておくこともできます。これを「任意後見制度」といいます。任意後見人も成年後見人と同様に、本人の意思を尊重しその心身の状態および生活の状況に配慮する義務があります。

図表 4-1 成年後見制度の種類

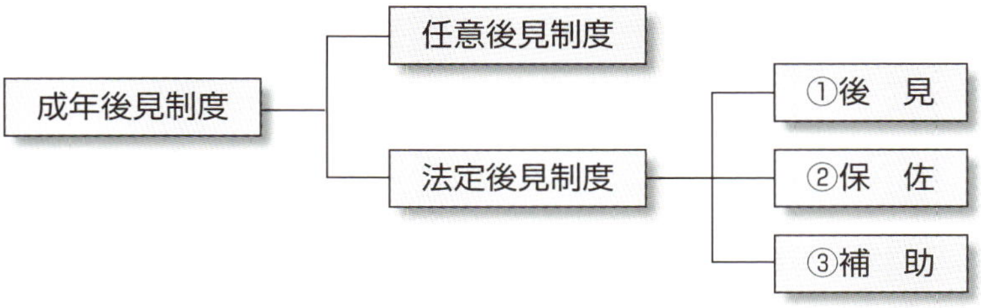

成年後見・保佐・補助とは

法定後見制度の中には、本人の判断能力の状況に応じて、「保佐」や「補助」という制度もあります。保佐は、本人の判断能力が辛うじて失われていないものの、著しく不十分な場合で、補助は本人の判断能力が不十分な場合です。

保佐に対応する保佐人は、後見人よりも権限が小さくなっており、補助に対応する補助人は、保佐人よりもさらに権限が小さくなっています。

1 後見（成年後見）

後見とは、成年後見ともいい、認知症や知的障がいなどの精神上の障がいにより判断能力がまったくない人（＝本人）、生活に必要な買い物が１人でできない人などを保護・支援するための制度です。

法定後見制度の３つの類型のうち、申立件数・選任件数ともに大半を占めています。本人（＝成年被後見人）を保護・支援する人（＝成年後見人）は、成年被後見人を代理して財産管理に関するすべての法律行為を行います。

また、成年被後見人が不利益な契約を締結したときには、その契約を取り消すこともできます。ただし、食料品や衣料品といった日用品の購入などの「日常生活に関する行為」については、取消の対象にはなりません。

後見開始の審判は、本人や配偶者、４親等内の親族などが、本人の同意を得ずに家庭裁判所に申し立てることができます。後見が開始されると、印鑑登録が抹消され、医師・税理士等の資格や会社役員・公務員等の地位を失うなどの制限があります。

成年後見人の主な職務としては、「財産管理」と「身上監護（しんじょうかんご）」の２つがあげられます。

財産管理とは、本人に代わって財産を維持管理したり、本人のために処分したりすることです。具体的には、預金や年金、自宅等の不動産の管理、税金や公共料金の支払いなどです。

身上監護とは、本人の生活や療養にとって必要と思われるサービスや事務を代理人として契約することです。具体的には、医療契約・介護サービス提供契約・老人ホームへの入居契約の締結、入院の手続き、入院費用・介護費用の支払い、生活費を届けたり送金したりする行為などです。

成年後見人は、財産管理および身上監護の両方において、日常生活に関する行為を除くすべての法律行為を本人に代わって行ったり、取り消したりする権限があり、全般的な代理権および取消権を持っています。

2 保佐

保佐とは、精神上の障がい等により判断能力が著しく不十分な人（＝本人）、具体的には、日常生活に必要な買い物程度は１人でできるが、重要な財産管理に関する契約は、本人自身で判断できないため、常に第三者の支援を受ける必要がある人を保護･支援するための制度です。

支援する人（＝保佐人）は、本人（＝

被保佐人）を保護し、重要な財産行為についての同意権・取消権や、申立時に被保佐人が選択した特定の法律行為についての代理権が与えられます。

重要な財産行為とは、主に次のような行為があげられます。

重要な財産行為とは

①預金を払い戻すこと
②金銭を貸し付けること
③金銭を借りたり、保証人となること
④不動産などの重要な財産に関する権利を得たり失ったりすること
⑤訴訟行為をすること
⑥贈与をすること、和解・仲裁合意をすること
⑦相続の承認・放棄をしたり、遺産分割をすること
⑧贈与・遺贈を拒絶すること
⑨新築・改築・増築・大修繕をすること
⑩民法602条で定める一定期間を超える賃貸借契約をすること、など

保佐開始の審判も、後見開始の審判と同様、本人や配偶者、４親等内の親族などが、本人の同意を得ずに家庭裁判所に申し立てることができます。保佐が開始されると、医師・税理士等の資格や会社役員・公務員等の地位は失いますが、印鑑登録は抹消されません。

3 補助

補助とは、精神上の障がい等により判断能力が不十分な人（＝本人）、具体的には、１人で契約の締結などはできますが、適切な判断であるか不安なために第三者に支援してもらった方がよいと思われる人を保護・支援するための制度です。

本人（＝被補助人）を保護・支援する人（＝補助人）には、申立時に被補助人

が選択した特定の法律行為についての代理権や、被補助人が選択した重要な財産行為についての同意権・取消権が与えられます。

補助開始の審判は、後見・保佐とは異なり、本人の同意を得なければ家庭裁判所に申し立てることはできません。また、補助が開始されても、医師・税理士等の資格や会社役員・公務員等の地位についての制限は受けず、印鑑登録も抹消されません。

図表 4-2 法定後見制度の種類と内容

		後見	保佐	補助
対象者		判断能力がまったくない人	判断能力が著しく不十分な人	判断能力が不十分な人
		成年被後見人	被保佐人	被補助人
保護・支援者		成年後見人	保佐人	補助人
申立時の本人の同意		不要	不要	必要
成年後見人等の権限	必ず与えられる権限	財産管理についての全般的な代理権・取消権	重要な財産行為についての同意権・取消権	—
	申立てにより与えられる権限	—	特定の法律行為についての代理権	特定の法律行為についての代理権、重要な財産行為についての同意権・取消権
資格などの制限		あり	あり	なし

2 手続きの流れと後見人等の職務

ここでは、家庭裁判所に成年後見の申立てを行った後の手続きの流れを見ていきましょう。なお、申立てから審判までの期間は、およそ3ヵ月～10ヵ月程度です。なお、保佐・補助もこれに準じます。

図表 4-3 成年後見制度のフローチャート

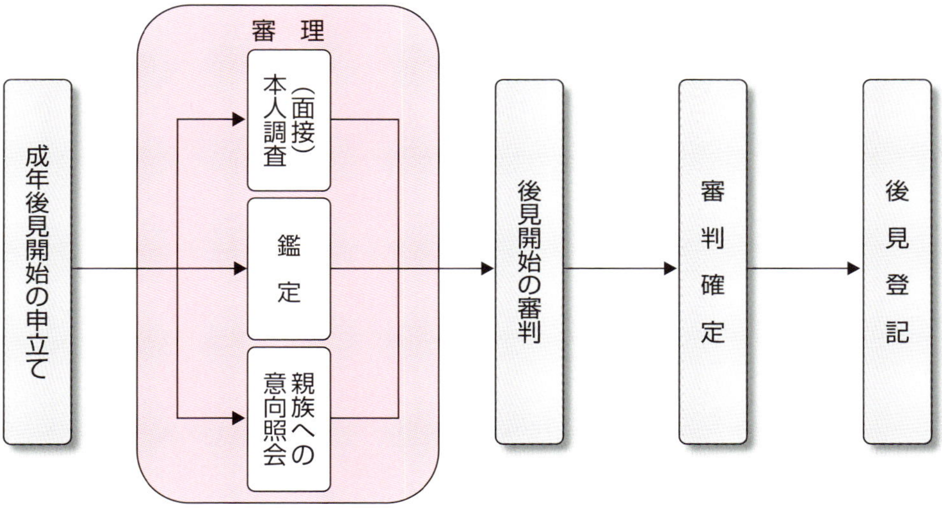

成年後見開始の申立てとは

後見等開始の申立ては、申立人が本人の住所地を管轄する家庭裁判所に対して、各家庭裁判が定める必要書類等と申立費用を用意して行います。申立人となることができるのは、本人、配偶者、４親等内の親族、後見人等、任意後見人、後見等監督人、市区町村長、検察官です。

４親等内の親族とは、主に、親、祖父母、子、孫、ひ孫、兄弟姉妹、おい、めい、おじ、おば、いとこ、配偶者の親・子・兄弟姉妹がそれにあたります。

特に近年では、家族など身寄りのない高齢者も増えてきており、その人の判断能力が衰えた場合に、住所地の市区町村長が申立てをするケースもあります。

後見等の開始についての審理

家庭裁判所は、申立ての際に提出を受けた書類の他に、本人調査や鑑定等の内容から本人の判断能力の程度を検討し、後見等の開始をするか否かを審理します。また、親族への意向照会を行い、審理の参考材料とします。

①本人調査（本人との面接）

家庭裁判所の担当者は、本人の意思を尊重するために、申立内容などについて本人から意見を聴取し、判断能力の程度を調査します。これが本人調査です。

なお、補助開始の場合や保佐開始で代理権をつける場合は、本人の同意が必要なので、本人調査において同意の確認も行います。

②鑑定

鑑定は、本人に判断能力がどの程度あるかを医学的に判断するための手続きで、家庭裁判所が医師に鑑定を依頼する形で行われます。ただし、本人が判断能力を欠くことが明らかな場合や補助の場合は、省略されることもあります。

③親族への意向照会

家庭裁判所は、審理の参考とするために、本人の親族に対して書面により申立ての概要と後見人等候補者を伝えて、後見等開始の申立てに関する意向を照会することがあります。

審判と不服申立てとは

申立人が後見等開始の申立てをする際には、必要書類に後見人等候補者を記載しています。しかし、次のような場合には、家庭裁判所は後見等開始の審判と同時に、適任者を後見人等に選任します。

また、後見等監督人を選任することもあります。保佐開始や補助開始の場合には、必要な同意書・取消権や代理権も定めるようになります。

①流動資産（保有資産）の額や種類が多岐にわたる場合

②本人の療養看護や財産管理の方針について、親族間で意見が一致しない場合

③親族への意向照会の結果、後見人等をつけることに反対の意見が出た場合

④申立て以前の生活状況の中で、本人との関係が疎遠であった場合

⑤遺産分割協議など、後見人等と本人との間で利益が相反する行為について、後見等監督人に本人の代理をしてもらう必要がある場合

家庭裁判所は、申立人や後見人等に審判書（しんぱんがき）（図表4-４）の謄本を送付します。審判に不服がある申立人や利害関係者は、審判書の謄本を受領してから２週間以内に、家庭裁判所に対して不服申立てをすることができます。ただし、選任された後見人等はできません。

審判の確定と登記について

２週間以内に不服の申立てがなされなかった場合には、後見等開始の審判の法的な効力が確定することになります。

後見登記は、東京法務局本局で行われるので、家庭裁判所は確定後に東京法務局に審判内容の登記を依頼します。なお、戸籍に記載されることはありません。

また、登記が反映されるのには２週間ほどかかりますが、いつ後見等開始の審判がなされ、誰が後見人等であるかが登記され、全国各地の法務局本局の窓口において登記事項証明書（図表4-５）として発行を受けることができます。

図表 4-4 審判書謄本（例）

平成○○年（家）00000 号　後見開始の審判申立事件

審　　判

本　　籍　　東京都中央区銀座○丁目○○番

住　　所　　東京都中央区銀座○丁目○○番○○～○○号

申　立　人　　山田 太郎

同代理人弁護士　　田中 一太郎

同　　山中 聡子

本　　籍　　大阪府大阪市北区曽根崎新地○丁目○○番

住　　所　　東京都中央区銀座○丁目○○番○○号

本　人　　佐藤 花子

大正○○年○○月○○日 生

本件について、当裁判所は、別紙の理由により申立人の申立てを相当と認め、次の通り審判する。

主　　文

1　本人について後見を開始する。

2　本人の成年後見人として次の者を選任する。

住　　所　　東京都中央区八重洲○丁目○番○○号

氏　　名　　山中 聡子（弁護士）

平成○○年 5 月 31 日

東京家庭裁判所

家事審判官　　川 田　大 輔

上記は謄本である

平成○○年 5 月 31 日

東京家庭裁判所

裁判所書記官　　小 林　幸 雄 ㊞

図表 4-5 登記事項証明書（例）

登記事項証明書

後　見

後見開始の裁判

【裁　判　所】東京家庭裁判所

【事件の表示】平成○○年（家）00000 号

【裁判の確定日】平成○○年 5 月 19 日

【登 記 年 月 日】平成○○年 5 月 27 日

【登　記　番　号】第 2019 － 00001 号

成年被後見人

【氏　　　　名】佐藤 花子

【生　年　月　日】大正○○年○○月○○日 生

【住　　　　所】東京都中央区銀座○丁目○○番○○号

【本　　　　籍】大阪府大阪市北区曽根崎新地○丁目○○番

成年後見人

【氏　　　　名】山中 聡子

【住　　　　所】東京都中央区八重洲○丁目○番○○号

【選任の裁判確定日】平成○○年 5 月 19 日

【登 記 年 月 日】平成○○年 5 月 27 日

上記の通り後見登記等ファイルに記録されていることを証明する。

平成○○年 6 月 29 日

東京法務局　　登記官　　　永井　京太郎 ㊞

〔証明書番号〕　2014 － 0335 － 00000（1／1）

後見人等の実務

①後見等開始の直後（後見事務の開始）

審判が確定して後見等が開始される場合、後見人等は、登記後に送付される書類が届いてから１ヵ月以内に本人の財産状況を把握したうえで、財産目録等の書類を家庭裁判所に提出します。これらの書類を提出しなければ、原則として後見事務を行うことはできません。なお、この財産目録を提出するまでの後見人等の権限は、緊急性がある行為に限られるため、選任後１ヵ月は本人名義の預金等を解約しないのが通常です。

②財産の引渡しについて

後見人等は、後見等開始後、本人から預金通帳や証書、印鑑その他すべての財産の引渡しを受けて管理します。

また、本人が預金通帳等の財産を親族に預けており、親族がこれらの財産の引渡しに応じてくれないときには、後見人等が本人の取引金融機関に行って、預金の有無の確認や通帳の再発行等の手続きを行わざるを得ないこともあります。

本人の財産を安全かつ適切に管理し、本人にとって有意義に活用しながら生活支援を行います。本人の生活環境・療養看護・収支状況を的確に記録し、請求書・領収書の管理も徹底しておきます。

なお、多くの後見人等は、本人の郵便物等の転送を受けて管理しています。したがって、金融機関からの本人あての郵便物は、後見人等が受領することになります。

③預金口座・投機的な金融商品の解約

家庭裁判所は、本人名義の預金口座が複数ある場合には、管理上、預金口座を１つにまとめるように推奨しています。よって、後見人等は、本人の取引金融機関に対して、後見人等の届出の他、預金口座の解約手続を行うことがあります。

特に投機性の高い金融商品等は、本人保護の観点から解約をした方がよいケースもあります。

3　成年後見制度の情報収集

図表 4-6　成年後見制度の問合せ先

成年後見制度《せいねんこうけんせいど》についてのお問い合わせ先

成年後見制度《せいねんこうけんせいど》についてのご相談は ▶▶▶	**各市区町村の地域包括支援センター** ＊法定後見制度《ほうていこうけんせいど》を利用する際に必要な経費を助成している市区町村もあります。詳しくは、各市区町村の窓口へおたずねください。 ＊障害者の方の相談窓口は、市区町村及び市区町村が委託した指定相談支援事業者となりますので、ご注意ください。
法的なトラブルを解決するために役立つ法制度情報や、最も適切な相談窓口の情報については ▶▶▶	**日本司法支援センター 法テラス** http://www.houterasu.or.jp/ 法的トラブルで困った時には 0570－078374《おなやみなし》 ＊固定電話であれば、全国どこからでも3分8.5円（税別）で通話することができます。 ＊PHS・IP電話からは「03-6745-5600」にお電話ください。 ＊ウェブサイトから、電子メールによる問い合わせも受け付けています。
任意後見契約《にんいこうけんけいやく》については ▶▶▶	**日本公証人連合会（TEL 03－3502－8050）** http://www.koshonin.gr.jp/ または 全国の公証役場
成年後見《せいねんこうけん》の申立てを行うための手続、必要書類、費用等については ▶▶▶	**◆裁判所ウェブサイトのご案内** 裁判所　検索 http://www.courts.go.jp/
	◆家事手続情報サービスのご案内 0570－031840《さいばんしょ》 ファクシミリ機能付き電話で、音声案内に従って次のコード番号をプッシュしてください。 後見開始（案内）５４０１／（申立書・記入例）７４０１ 保佐開始（案内）５４０２／（申立書・記入例）７４０２ 補助開始（案内）５４０３／（申立書・記入例）７４０３ 任意後見監督人選任（案内）５４０４／（申立書・記入例）７４０４ ※1分10円（税別）の通話料金のみでご利用いただけます。（携帯電話や公衆電話等の場合は、料金が異なります。） ※PHS・IP電話からはご利用できません。

出典：家庭裁判所 成年後見制度─詳しく知っていただくために─

地域との連携窓口・関係機関

認知症の方への初期対応の際に、地域で連携できる照会・相談窓口の詳細は次の通りです。主な事項を整理しておきましょう。

①市区町村相談窓口

各市区町村には、高齢者・認知症に関して担当する課が設置されています。保健・医療・福祉・サービスについて相談できる環境が整っています。

②地域包括支援センター（主体：市区町村）

地域住民の保健・医療・福祉の向上、介護予防マネジメントなどを総合的に行う公的機関です。このセンターには保健師、主任ケアマネジャー、社会福祉士がいて、専門性を生かし相互連携しながら業務にあたっています。

③高齢者総合相談センター（主体：都道府県）

都道府県では、認知症コールセンターを設置し、看護師や認知症介護経験者が適切な支援機関の紹介や、認知症の介護に対する精神面での相談窓口があります。他に保健福祉事務所（保健センター・保健所）、介護実習普及センターが地域に開かれた窓口機能をもっています。

④社会福祉協議会（都道府県、市区町村単位）

認知症サポーター養成講座を開催したり、高齢者・認知症の方・障がい者を地域で見守り共に支え合う普及啓発活動を行う非営利の民間組織です。この社会福祉協議会は、地域のさまざまな社会資源とのネットワークをもっていて、多くの人たちとの協働を通じて、高齢者・認知症の方・障がい者が生活しやすい環境を維持できるように活動しています。

⑤公益社団法人 認知症の人と家族の会

認知症の本人とその家族を中心とした全国組織です。認知症になっても安心して暮らせる社会を目指して、介護者同士の情報交換の場に留まらず、電話相談、セミナー・講習会、調査・研究、情報発信を行っています。1980 年の発足以来、全国の支部できめ細やかな活動を行っています。

巻末資料

ユニバーサルサービスの徹底

1　気づきの実践とユニバーサルサービス

「気づき」を実践するサービス

ユニバーサル (universal) とは、「普遍的な」「万人共通の」あるいは「一般のための」といった意味があります。子供からお年寄り、病を患っている人や、身体にハンディのある人まで、あらゆる人の立場に立って公平な情報とサービスを提供すること、それがユニバーサルサービスです。

つまり、ユニバーサルサービスとは、年齢や性別、障がいの有無に関わらないあらゆる人へのサービスです。

昨今、日本でも多くの自治体や企業で、ユニバーサルデザインに関する取り組みが盛んに行われてきましたが、ユニバーサルデザインの概念におけるソフトの領域、つまり人的対応能力やコミュニケーションでカバーできる側面が、ユニバーサルサービスです。

“すべての人のためのサービス”“心のユニバーサルデザイン”といえばわかりやすいでしょう。つまり、ユニバーサルサービスとはお客様一人ひとりの立場を十分理解したうえで、「気づき」を実践するサービスなのです。

2　ユニバーサルサービスの３要素

快適なサービス提供のために

ユニバーサルサービスを実践するためには「ハード」「ソフト」「ヒューマン」の３要素をバランスよく店舗・施設運営に反映させていく必要があります。この３要素のいずれかが欠けてしまうと、お客様やご利用者へ快適なサービスを提供することができなくなります。お客様・ご利用者の視点で今一度日々の店舗・施設運営、特に接客応対を見直してみましょう。

ハード●施設・店舗等でのバリアフリー化、ユニバーサルデザイン化

ソフト●お客様への配慮を起点とした機能、システム、仕組みの確立

ヒューマン●“気づき”に基づいた柔軟性のある人的対応能力

3 気づきに基づく接客応対の原則

より人間的なヒューマンコンタクトが必要

さまざまな状態のお客様のニーズに気づくことからユニバーサルサービスは始まります。お客様の心理面も含めて状況は千差万別です。お客様にとってどこまでが必要なのかを十分見極めて、サポートする習慣を身につけましょう。

特に高齢者や認知症の症状が現れている人の場合、決してお客様の心の負担・ストレスになるような「してあげる」と受け止められるようなサポートを行ってはいけません。低下した機能や感覚の手助けをしながら、十分なコミュニケーションをとる必要があります。つまり、サービスを提供する側の都合やルールを優先した通り一遍の対応ではなく、個別のお客様をパーソナルにサポートしていく、より人間的なヒューマンコンタクトが必要となります。

また、高齢者や障がいをもったお客様の誰でもが、常にサポートを必要としているわけではありません。できないことの手伝いをしてほしいという要望があって、初めてサービスが活かされます。あくまでお客様の自尊心を大切にし、お客様の意に反する過剰な対応は避けなければいけません。

図表 資料-1 ユニバーサルサービスの考え方

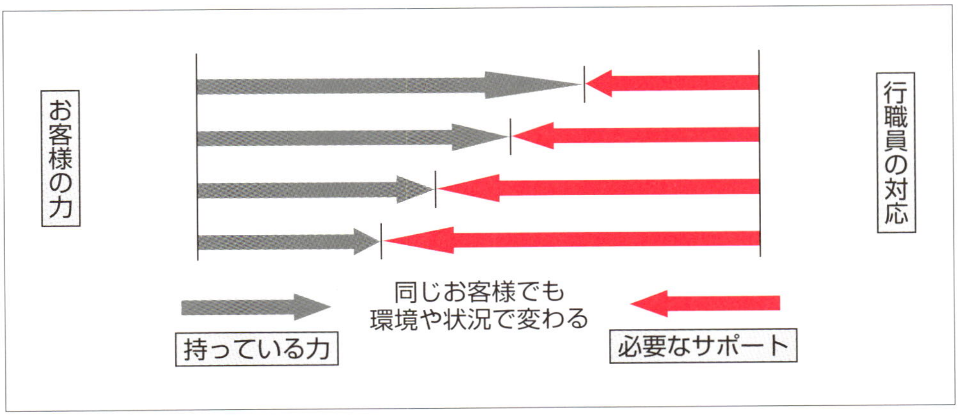

4 ユニバーサル接客・10の秘訣

図表 資料-2　ユニバーサルサービス 10の秘訣

1. 事前にさまざまな方法でサービス情報を提供する
　…WEB、広告、店頭表示など事前情報でクレームは回避できる
2. 対応の基準を明確化
　…上司・部下・スタッフも含め、どの行職員も同じ対応を標準化
3. お客様の個性・特徴を察知し、気づきを実践する
　…常日頃からお客様目線で考え、意識的観察を繰り返す
4. 意識過剰にならず、誠意をもって普段通りの接客を心がける
　…その場にふさわしい対応が顧客満足の決め手
5. 積極的なお声かけからお客様のご要望に迅速に対応する
　…お客様をお待たせしないスピーディな対応は必須
6. お客様の個人差・ペースに合わせゆとりをもつように工夫する
　…できる限りご要望に対応するのがプロのサービス
7. 思い込みや押しつけのサービスは避ける
　…自分では「やったつもり」、これが一番お客様に嫌われる
8. 介助者ではなく必ずご本人に声をかける
　…お客様の目を見て、心を込めた笑顔も忘れずに
9. できないことは無理をせず、その理由を伝えて理解してもらう
　…お客様に寄り添って徹底することは重要ですが、落とし穴には気をつけて
10. プラスαのサービスを臨機応変に実践する
　…感謝の手紙を書きたくなるのがお客様の気持ち

図表 資料 -3 ユニバーサルサービスの好循環

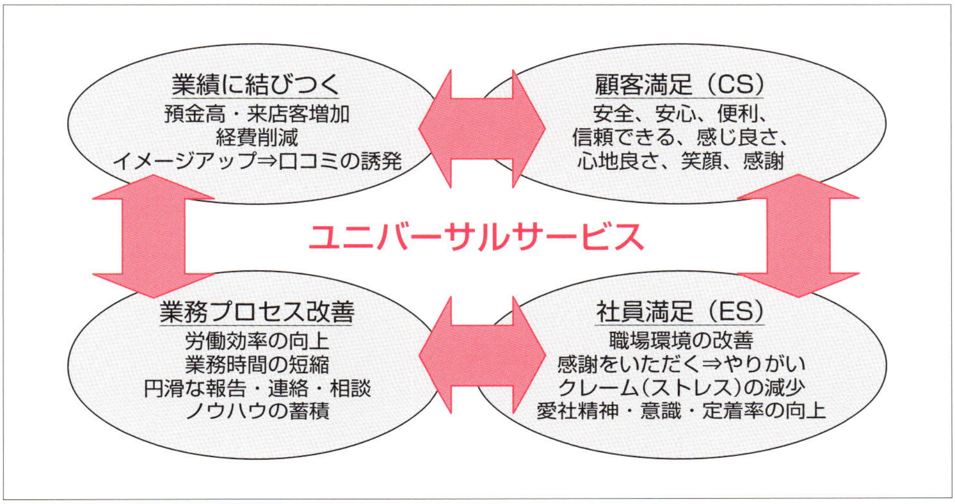

5 ユニバーサルサービス・チェックシート

サービス品質のレベルアップを図る指標としてご活用ください。

区分		チェック項目	①評価実施日	②評価実施日
			/ （ ）	/ （ ）
ハード対応	店舗機能・窓口機能	① 店舗の案内はわかりやすく、見やすく表示されているか	／5	／5
		② 出入口に段差がない、またはスロープ等で工夫をしているか	／5	／5
		③ 車イスが通れるように、通路幅は 90cm以上確保されているか	／5	／5
		④ 休憩できるイスを置いているか	／5	／5
		⑤ 空調や音響の調整について、十分に管理されているか	／5	／5
		⑥ 筆記用具や伝票類、案内パンフレットは取りやすいか	／5	／5
		⑦ 記帳台の場所と高さは利用しやすいか	／5	／5
		⑧ 順番待ちの場合、「どなたでも」わかる工夫をしているか	／5	／5
		⑨ 老眼鏡や筆談器は手に取りやすい場所に設置しているか	／5	／5
		⑩ 雨や雪の日、フロアーは滑りやすくないか	／5	／5
ソフト対応	サービス機能	① ご相談やお手伝いをする旨の告知をしているか	／5	／5
		② 店舗内でのお客様の導線に妨げとなっていることはないか	／5	／5
		③ お客様用トイレがある場合、いつでもご案内はうまくできるか	／5	／5
		④ フロアーのお客様に目が行き届くスタッフの配置ができているか	／5	／5
		⑤ お客様をお待たせしない工夫はされているか	／5	／5
ヒューマン対応	人的対応機能	① 緊急時の避難対策はできているか	／5	／5
		② 困っているお客様には進んで声をかけているか	／5	／5
		③ はっきりとした声で、ゆっくり話すことや筆談で対応しているか	／5	／5
		④ お年寄り、妊婦さん、子ども連れなどのお客様にも配慮をしているか	／5	／5
		⑤ ATM 機に不慣れなお客様への適切な対応をしているか	／5	／5

評価方法

・非常に不満・・・・0点
・やや不満・・・・・・2点
・満足・・・・・・・・・・4点
・非常に満足・・・・5点

評価実施日	ハード対応	ソフト対応	ヒューマン対応	総合得点
/ （ ）	／50	／25	／25	／100
/ （ ）	／50	／25	／25	／100

おわりに

急速に少子高齢社会が進展し、お年寄りやお身体の不自由な方々の社会進出をサポートする環境が整えられつつある中で、あらゆる接客サービス業（流通・小売・金融・公共機関など）では、そうした方々に接する機会が増えてきています。

本書は高齢顧客の理解を深め、金融機関における窓口応対を中心とした事例から取引時の具体的な対応方法をまとめて掲載しています。このノーマライゼーション社会において、お年寄りやお身体の不自由な方々にとどまらず、困っているすべての方々へのサービスを徹底することが、新たなサービススタンダードの確立へと発展することでしょう。

日々の多様な業務に集中する余り、金融サービス機関の行職員は視野が狭くなりがちです。高齢のお客様との金融取引では、仮に「自分の両親がこのような状況で困っていたら…」と想像してみてください。配慮や気づき、心配りを実践するヒントがあります。皆さんのご活躍をお祈りしています。

一般社団法人 公開経営指導協会
ユニバーサルサービス推進室

著者プロフィール●

一般社団法人 公開経営指導協会 ユニバーサルサービス推進室

公開経営指導協会は、商業近代化のため「公開経営（オープン・マネジメント）」を推進することを目的に、全国の先進的な商業者の方々の参画によって1952年に発足した教育・指導団体。真の顧客第一主義を目指す企業を支援するため、企業活動のあらゆる側面からオープン・マネジメントを推進し、ガラス張りの開かれた経営こそ企業の必須条件と捉えている。設立以来、通信教育、集合研修、検定事業等を通じて企業の発展に寄与するとともに、2002年から「サービス・ケア・アテンダント検定試験」の資格認定を通じて、ユニバーサルサービスの普及・啓発に取り組んでいる。

参考文献●

一般社団法人 公開経営指導協会 編集
サービス・ケア・アテンダント検定試験対応『ユニバーサルサービス講座』テキスト（2010年）

一般社団法人 公開経営指導協会 編集
『高齢者・認知症のお客様への接客サービス講座』テキスト（2013年）

すべての金融機関の担当者必読！
高齢者の理解と接客応対マニュアル

平成26年7月26日　初版発行

著　者――――一般社団法人 公開経営指導協会
発行者――――福地　健
発　行――――株式会社近代セールス社
〒164-8640　東京都中野区中央1－13－9
電　話　03－3366－5701
ＦＡＸ　03－3366－2706
編　集――――大内幸夫
印刷・製本――広研印刷株式会社

デザイン：樋口たまみ　イラスト：栗原　清

ISBN978-4-7650-1247-8